JOURNAL

D'UN

BOURGEOIS DE ROUEN,

MENTIONNANT QUELQUES ÉVÉNEMENS

Arrivés dans cette Ville,

DEPUIS L'AN 1545 JUSQU'A L'AN 1564.

PASSAGE DE JACQUES II,

PAR LA VILLE DE ROUEN.

— Extrait du Mémorial d'un Religieux de Saint-Ouen. —

✣

PUBLIÉ POUR LA PREMIÈRE FOIS

D'après deux MSS. de la Bibliothèque publique de Rouen,

PAR ANDRÉ POTTIER,

Conservateur.

✣

ROUEN,
E. LEGRAND, ÉDITEUR,
RUE GANTERIE, 26.

—

1837.

PUBLICATION
DE LA REVUE DE ROUEN
ET DE LA NORMANDIE.

IMPRIMÉ PAR NICÉTAS PERIAUX,
RUE DE LA VICOMTÉ, 55.

Le contenu de aulcunes articles advenus a la ville de Rouen,

depuys lan mil cinq cens quarante et cinq.

Fait
(transcrit)
par moy

Jehan Berthelin,
aagé de xv. ans.

L'année 1545, advint en toutte Franse une cherté de bled, en sorte que, à la levée des grains, au moys d'aoust, le bled valloit xij sols vj deniers le boysiau, mesure de Rouen, et, avant que il fust la St. Jehan Batiste ensuyvant, a vallu jusques à x livres v sols le boysiau, et l'année en après il vint à v sols le myleur.

L'année 1546, au moys de janvier, a esté tué, dedens l'église Notre Dame de Rouen, un homme, enfant de la ville, nommé Jehan Durant; et estoit fort hardy et furieux, et fut tué par les gens des galères du Roy, qui estoient pour lors devant ceste ville; lesquels hommes avoient audit Durant coupé l'ung de ses bras, par cy devant, par ung dimenche, en oyant la grande messe dedans S^t. Eloy, donct ne fut faict aucune justice.

L'année 1547, au moys de may, ung nommé Adrien Vauquelin, bourgoys de ceste ville, espousist à onze heures la fille de Jehan Mainfray, bonnetier, lequel Vauquelin estoit bien sain et dispos, et, à ce jour mesme, il décéda à v heures de soir; et advint pour avoir beu une foys de sydre qui avoit esté tirée dedens une cane de arain; et y en eut d'autres malades, lesquels se évadirent par bonne purgation soubdaine, et fut ladite espouze reprinse par son père, avec tout son mariage.

Le dit an, le 16e jour [de] juing, maistre Jehan Mauger, lieutenant du baillif, en allant tenir le matin le seige (*siège*) de justice, estant sur sa mulle, a esté tué par un Italien nommé Joryme Sarragosse, prest (*près*) le Pot de cuyvre, et estoit monté sur ung cheval noir, gennet (*genêt*) fort bon; lequel italien print à courir sur son cheval, et ysyst hors de la ville sans contredict; mais du depuys a est (*esté*) prins au pays de Prouvence, et ana (*en a*) esté faict gresve et forte pugnytion, à la présence de deux sergens de ceste ville, quy furent envoyés querir pour confronter contre luy, entendu (*attendu*) quil estoient présens alors du malfaict; dont l'un avoit à non le grant Symon, et l'autre se nommoit (*Nouel Brenneval*[1]). Et estoit le dit Mauger natif

---

[1] Ce nom a été ajouté par une main moderne.

de Caen, et estoit fort rude contre la republique et les polices de la ville, et à l'année de devant sa mort, avoit contraints la pluspart des esglises de la ville de Rouen de luy bailler les argenteries quy estoient à servir au servyce que l'on faisoit, et des Confraries quy estoitz (*estoient*) fondez en icelles églises, disant que c'estoit pour le Roy.

Au dit an, le ve jour [de] juillet, il advint au logis du Cheval blanc, à S^t. Candre le Viel, (*qu'*) un chevalier du Roy y estoit logé, nommé Monsr. de Surville, près le pont Levesque; luy estant levé il se en alit aux pryvetz (*privé*) avec le servyteur du dit logis, lesquels tous deux fondyrent et tombèrent dedens lesditz pryvetz, et furent tous deux noiez à l'ordure. Et son page quy aloit au secours, il cuydiet (*cuidoit*) estre noié, mais il fut retyré de bref.

L'an 1550, au moys de juing, a esté faict exécution à Roen d'un homme qui se apeloit Lange, et a esté brulé tout vif, et deux drapiers à sa compaignie pendus, et vij hommes futigués (*fustigés*), et le tout pour hérésie.

L'an 1552, le jour S^t. Thomas, 21e jour [de] décembre, Nicolas de la Place, eslu au[x] esluz de Rouen, fut tué luy et sa chambrerière, par deux jeunes hommes frères, natifz de la forest de Lions, en faisant semblant de luy vouloir donner ung lièvre; lequel cryme vint tost à la congnoyssance des gents, donct advint par grant puysance de la justice, [que] nous (*l'on*) ouvrit les portes du dit eslu, pour prendre lesditz hommes; donct l'ung fut tué en soy defendant, et l'autre fut print, et furent toutz deux mys en pryson, et le lendemain furent condamnez, à savoir : le mort à avoir la teste trenchée, et le vif à estre brysé sur la roue, se (*ce*) quy a esté faict.

Au dit an, au moys de janvier, le 14ᵉ jour, fut prins et desrobé, à l'heure de vj heures ou envyron, à l'église Notre Dame de Rouen, une relicque que nous (*l'on*) apeloit l'Angelot, quy estoyt d'argent, donct ne n'a esté aucune congnoyssance du depuys.

L'année 1557, advint au filz de Monsʳ. De la Bryere dit Dumoncel, quy est insencé, [que] luy estant en la court du Palais à Roen, il vint droict à Monsʳ. Lalemant, 2ᵉ présydent, lequel venoit de tenir la jurysdision, luy bailla un souflet de sa main sur la joe du dit president, atant qu'il peult s'éforcer, donct ne fut faict aucune justice, pour cause qu'il estoit troublé; et fut condamné à son père le faire enfermer bien à destroit (*à l'étroit*).

Au dit an et au dit lieu, à la jurydision de la pierre de mabre (*marbre*), en procédant, advint que le filz du Lieutenant particulier dudit lieu, bailla ung souflet bien adestré, sur la joe de l'advocat du Roy de ladite jurydision, donct fut prins et condampné à faire amende honorable, et defendu à jamais de praticquer audit lieu, et arest donné pour tel cas advenir.

L'an 1559, le vendredy horé (*oré; de orare,*

prier : *le vendredi saint*) advint grant fortune de feu à la maison des Bacheletz, près la Viconté du Roy, à Rouen, et eut une femme muete et des enfantz quil (*qui*) furent brulez, et eut grant feu.

L'an 1560, a esté condampné, par la court, ung homme, natif de Baieux, à estre brulé tout vif, lequel en le menant à l'exécution fut recours (*secouru*) par gens de son oppynion, et fut reprins le jour mesmes à la maison de la Croche (*Crosse*), et lendemain fut mis au feu, jouxte sa sentence; et eut à le convoyer bien quatre à v centz hommes en ermes (*armes*), et fut pour le cas quil estoit acuzé de hérésye.

Au dit an, à la dite ville de Rouen, se commença l'évangille à estre forte contre la justice, et vint à Roen plusieurs mynystres de Geneve, en sorte que il preschoient à des maisons segrettes, et puys après il se myrent à prescher de nuict, et furent en plusieurs places à la ville, et y abondoit grant peuple.

Item, entre lesquels mynystres il luy (*y*) en avoit ung [qui] se myst à prescher au cimetière Notre Dame, et fut aproché par quelques autres mynistres, quil preschoit liberté, et que notre Seigneur avoit soufert mort pour nos péchez commis et à commectre, et que il ne sauroit (*seroit*) point de jugement, et quil ne estoit point de Dieu en Paradis; par quoy advint que ung dymenche il se myst à aler prescher hors la ville, aux brieres S[t]. Julien, et y fut grant peuple. Et fut advertir par les anciens de la congrégation de Rouen, qui myrent en avant plusieurs hommes pour prendre le dit mynystre libertin, et que ceulx quilz (*qui*) le prendroient, auroient cent escus sol; et fut le lendemain prins, et deux hommes avec luy quilz (*qui*) faisoient sa quente (*quête*) aux presches, quy estoient natifz de saint Vincent de la dite ville de Roen; et fut le dit mynystre le mardy condanpné à estre brulé tout vif, et les deux hommes penduz et estranglez, se (*ce*) quy fut faict sans appel et à grant conpaignye.

L'an 1560, fut pour l'évangille une sédition à Roen, à la paroysse de S^t. Nigaize, et y eut vj ou vij personnes tuez, et autres fort blecez; donct fut faict justice d'ung nommé Mychel Heudier, deudens (*dedans*) la prison, et fut pendu, et un [nommé] Monnier recours (*secouru*).

L'an 1561, fut l'évangille presché, en plain jour, à des places hors la ville, à chacun quartier de la dite ville.

En ladite année, fut l'évangille presché, dedans les halles à toylles et à laines, à la vielle tour, par l'espace de deux moys ou envyron, donct le Roy fut mal content, et fut défendu de ne prescher dedens les villes, jusques atant que le Roy en eut ordonné, et fut à (*au*) moys de janvier; donct convinct se retyrer, hors ladite ville pour là prescher.

En iceluy moys de janvier, ung homme natif d'Orléans, quy avoit esté aproché à la court de Parlement, à Rouen, quil avoit rompu quelques ymages, fut condanpné à estre pendu au Neuf Marché; et, en le mectant à l'échelle, il fut recours (*secouru*) par aucuns enfantz de la ville, et fut sauvé.

L'an 1562, au moys d'apvril, le Roy envoya à Roen ung cappitaine nommé Monsr. Maze, pour lever gens et sonner le tabour, pour aller contre le prince de Condé quy estoient (*estoit*) à Orléans, quy tenoit la ville par force, et soutenoit l'évangille, et asenbloit grant conpaignye pour venir occir Messrs de Guiysse (*Guyse*) qu'il (*qui*) soutenoient de leur part l'eglise rommaine. Et advint que aucuns habitans de Rouen, oyant sonner le tabour pour se (*ce*) faict, il (*ils*) myrent à mort le lieutenant dudit cappitaine Masse, et blesyrent fort ledit Maze, et ronpire[nt] le tabour; et fut à eux de leur retyrer, donct plainte en fut au Roy; et à la dite sepmaine, furent prinses, par les gens de la dite évangille, touttes les forteresses de la dite ville, avec touttes les harmes qu'avoient.

Au dit an, au moys de may, le premier jour, fut abatu touttes les imaiges de S^t. Gervais et de S^t. Mor, et le dymenche, iij^e jour de may, fut (*furent*) abatus, rompus, brulez, brisez, toutes choses généralement estant à touttes les esglizes, monastères, relisions (*religions*), en tout et partout généralement, estant scytuez dedens la ville de Rouen, et à l'envyron deux lieutz, jusques au nombre de IIII^{xx} ou envyron; et ny demouroit aucune chose, tant de ymages, ornemens d'or et d'argent, de soye, de linge, mesmes les bants à se soir audites eglizes, que le tout, en tout et partout, usant et servant audites églizes, ne fut mys au feu; et le tout fut faict le iij et iiij^e jour de may, au dit an, sans que aucunes personnes se myst en défense aucunement contre lesdits rompeurs et briseurs, quy fut chose fort rigoureusement menée; et estoient à l'asenblée envyron troys ou quatre centz; et furent religieux et religieuses, prestres, chanoynes chasés hors de leurs demeures.

Item, le dit jour, fut osté, à ceulx quy vouloient tenir l'église Rommayne, leurs harmes, sans aucun contredict; et se (*ce*) fut faict par les anciens de l'évangille, acompaignés de aucuns hommes en harmes.

Item, le dymenche x^e jour de may, fut preschée et print (*pris*) les monastères des Religions mandiennes, pour prescher l'évangile; et furent commencées les prières, par touttes les églizes, de matin et de soir; et le service du pape abatu et mis en exil.

Item, a esté assis guet, en ceste ville, de nuyct, et y est arryvé grande conpaignye [de] horsains (*étrangers*), pour garder la ville.

Le xiiij^e jour de may, les habitans de la dite ville sont allés par devers le Roy, pour demander pardon, et par devers Monsr. de Aumalle, lesquelz ont esté receuz à leur demande, et ont esté renvoyés avec une partye de leur voulloir.

Item, la ville de Caudebec en Caux, estant asyse

sur la ryvyère de Sayne, à sept lieues de Rouen, ont voullu tenir le fort contre la compaygnie de l'évangille, et ne voulloient point que les idoles de leur églize fusent abatus, parquoy advint que les gens de l'évangille de Rouen furent contraintz de y aller, et y fyrent mener une galère qu'yl (*qui*) portoit souldartz et artylerye, donct il convynt aux habytans de Caudebec de accorder que leur paroysse fut mysse à l'estat des ceulx de la ville de Roen; et fut pour ce que les papaulx avoient chasé ceulx de l'évangille hors de leur ville; sans quil luy (*y*) eut aucune personne mys à mort ny blesé, Dieu mersys (*mercy*), fors deulx hommes de Rouen quyl (*qui*) tonbèrent à la ryvyère, quy estoitz dedens la galère, dont l'ung se apeloit Loyssel, lequel estoit détaïleur de draps, et furent noyez.

Item, avant que la galère fut de retour à la ville de Rouen, les souldartz firent plusieurs descentes au long de la ryvyère, et entre autres furent à une abaye de moynes, nommée Jumyége, à laquelle y avoit grantz biens et estoit fort ryche, et fut tout mis à nychyl (*nihil*), et les moynes chassés hors de leur abaye, et le tout sans aucune fortune de fureurs, et fut le dit voyage le xij^e jour [de] may 1562.

[1] L'année de 1564, au moys de décembre, le viij jour du dit moys, avint une grande fortune, aulx fosez d'entre la porte Biauvezine et la porte Saint

---

[1] Ce qui suit est d'une autre main.

Yllaire, d'ung nome (*homme*) quy se nommet Nicollas Adan, demeurant à deux lieulx loingtz de Rouen, en la parouesse de sainct Jacques seur Dernetal; luy partant de sa mayzon le matin, sain, avec ses deux bestes quy chargit de bourres (*bourrées*), et les hamena et ceste ville de Rouen; luy estant deschergé, en s'en retournant pour aller en sa mayzon, il passit par la porte de Byauvezinne, et, en allant au bout des fossés, estant monté dessus vngne de ses deulx bestes dont il estoiet acomplés, dont la celle seu (*sur*) quoy il estoiet monté, elle alla sy pres du fossé qu'elle tomba et luy et l'aultre beste, aux fons des focés, et à l'eure mesme moururent, luy et ses deux bestes, donc (*dont*) se (*ce*) fut grande fortunne.

PASSAGE
DE JACQUES II,

ROI D'ANGLETERRE,

PAR LA VILLE DE ROUEN,

Le 25 juillet 1690,

ET SA RÉCEPTION DANS L'ABBAYE DE SAINT-OUEN.

Extrait du Mémorial d'un Religieux de cette Abbaye.
MS. de la Bibliothèque de Rouen.

L'an 1690, Jacques II, Roi d'Angleterre, se vit enfin contraint d'abandonner encor le royaume d'Irlande qui jusques là luy estoit resté fidèle, et se vint refugier en France. Il arriva à Roüen le 25 juillet, fête de S^t. Jacques de la même année. Tous les bourgeois eurent ordre de se mettre sous les armes, depuis la chartreuse de S^t. Julien jusqu'à notre église. M^r. le Marquis de Beuvron, lieutenant de la province, avec un grand nombre de personnes de qualité, furent audevant de sa Majesté, plus de deux lieuës loin. Comme on jugea que le Roy voudroit entendre la messe, M^r. de Beuvron destina l'Eglise abbatiale de S^t. Ouen. Pour ce sujet il envoya, environ sur les six heures, son capitaine des gardes au Sacristain de l'abbaye, pour luy commander, de la part du Roy, de le mettre en possession des trois portes du chœur, et des portes de l'église, pour luy deffendre et à tous les autres Religieux de la Maison, d'introduire aucuns parens ni amis dans l'Eglise, ce qui luy fut accordé avec l'agrément du R. P. Prieur. Mais, comme il y avoit beaucoup de personnes qui étoient venues pour entendre la Messe de six heures, on attendit qu'elle fust finie, afin de les faire sortir. Sur les sept heures, tout le monde ayant été mis dehors de l'Eglise, le capitaine, accompagné du Sacristain, mit six soldats à chaque porte du chœur, et un plus grand nombre aux trois portes de l'Eglise et à celle qui va au Cloistre. Il posa aussi une grande quantité de soldats, sous quatre lignes, deux de chaque côté de la nef, depuis la porte du chœur jusqua la grande porte de l'Eglise ; ils avoient leurs enseignes déployées, et leurs tambours battoient.

On mit au grand Autel l'ornement de velours rouge, à flammes d'or. On posa sous la grande lampe un prie-Dieu avec un fauteuil. Environ sur les dix heures on avertit la Communauté que le Roy approchoit ; alors les Religieux, Anciens et Refformés, se rendirent dans la sacristie pour se revetir d'aubes et de chappes, et deux prirent des tuniques pour porter le daix. Tout le monde étant préparé on se rendit à la grande porte de l'Eglise. Lorsque le carosse du Roy en fut tout proche, M^r. le chantre, portant son bâton, fut le prendre à la portière et l'introduisit dans l'Eglise, alors le Sacristain luy jetta un carreau, et M^r. le Grand Prieur s'avançant luy presenta l'aspersoir, (Sa Majesté prit elle même de l'eau bénîte au bout de son doigt), ensuite il luy donna trois coups d'encens, et enfin lui donna la vraye Croix à adorer, ce qu'elle fit à deux genoux. Etant relevée M^r. le Prieur luy fit son compliment en peu de mots, auquel le Roy répondit obligeanment. Après que cela fut fait, on commença la marche en cette manière : les deux portes-masse marchoient les premiers, le Thuriféraire les suivoit, ensuite un frère convers revêtu de tunique, portant la Croix entre deux Céroféraires, puis les Religieux, et enfin M^r. le Prieur ayant à ses cotés un Diacre et un Soudiacre. Au milieu de tous étoit le M^r. le Chantre qui entonna le *Te Deum*, que l'orgue et la Communauté poursuivirent alternativement. On entra ainsi dans le Chœur, et les Religieux se placèrent dans le Presbytaire, autour du prie-Dieu sur lequel le Roy se mit, et où il se tint à genoux pendant toute la basse Messe qui fut célébrée par un de nos Religieux, et qui fut servie par deux jeunes en aubes. Après la Communion, on presenta le Corporalier à baiser au Roy. Pendant toute la Messe, M^r. De Beuvron et trois ou quatre Millords étoient autour du Roy, et un autre Millord se tint toujours derrière le fauteuil, ayant les deux mains appuyées dessus.

Nous remarquâmes que le Roy entendit la Messe avec une dévotion exemplaire, lisant de temps en temps dans son livre de prières qui parroissoit fort usé ; la couverture en étoit noire et parroissoit être de chagrin ; il se servoit de lunettes pour lire. Jamais il ne tourna la tête de côté ni d'autre, mais il jettoit quelque fois les yeux sur l'autel avec beaucoup de modestie. Son habit étoit fort simple, d'un gris blanc, et les poches de son justaucorps étoient extrêmement remplies. Il portoit son Ordre, qui n'étoit autre chose qu'un ruban, large de deux doigts, en forme de baudrier. Ses souliers étoient plats, d'un cuir commun, et il parroisoit avoir perdu le talon du pied gauche. Son chapeau étoit noir, avec un cordon d'or qui parroissoit vieux.

Après avoir entendu la Messe, la Communauté le reconduisit jusqu'à la porte du cloitre, et M^r. le G. Prieur avec Mess. les anciens, et notre R. P. Prieur avec quelques religieux, furent jusqu'à la porte du logis abbatial, où les Messieurs de ville luy avoient préparé un diner magnifique. Environ sur une heure après Midy, il sortit du logis abbatial, et repassa par le cloître dans l'Eglise, à la sortie de laquelle il monta en carosse, et s'en alla coucher à Meulan.

J'écris ceci le 17e. juillet 1703, presque treize ans après que ces choses se sont passées, temps auquel je suis revenu demeurer à S^t. Ouen, mais que l'extrême vénération que j'ai conservée pour ce saint Roy persécuté, me rend aussi présentes que le jour que j'eus l'honneur de luy jetter un carreau, lorsquil entroit dans notre Eglise, où je faisois l'office de Sacristain, comme je le fais encore aujourd'huy.

Fr.-Guillaume Le Roux.

SUR LES DEUX DOCUMENS PRÉCÉDENS.

JOURNAL D'UN BOURGEOIS DE ROUEN.

Ce Journal complet, mais malheureusement fort court relativement à l'espace de temps qu'il embrasse et à l'intérêt de la plupart des faits qu'il rappelle, est extrait d'un manuscrit de la Bibliothèque de Rouen, coté A $\frac{175}{173}$ (Catalogue provisoire). Le volume qui renferme ce document curieux provient de la Bibliothèque de l'abbaye de Saint-Ouen, où il portait le n° 164. Monfaucon l'a mentionné dans sa *Bibliotheca MMS.*, t. II, page 1240, col. 2, l. 2. C'est un petit in-folio, sur papier, transcrit par plusieurs mains, en cursive française du XVIe siècle, dite *caractère de Civilité*. L'opuscule que nous publions est intercalé entre plusieurs ouvrages de nature très diverse, et qui n'ont, soit entre eux, soit avec lui, aucun rapport appréciable. Le premier contient la *Relation d'un Pélerinage à la Terre-Sainte*, exécuté en l'an 1507, par Pierre Mesenge, chanoine de Rouen, en compagnie de plusieurs bourgeois de la même ville; l'avant-dernier est une copie de la *Civilité puérile*, imprimée à Lyon, en 1557, par Robert Granjon, avec ces caractères qui paraissent aujourd'hui si bizarres, et qui, pourtant, n'étaient qu'une copie très fidèle de l'écriture usuelle de l'époque. Enfin, des *Contemplations dévotes*, dont la transcription est restée inachevée, terminent le volume. Une particularité assez singulière que présente ce manuscrit, c'est que la souscription des divers ouvrages qu'il contient témoigne que la transcription en a été faite par des enfans. La *Civilité*, qui pourrait passer pour un petit chef-d'œuvre de calligraphie, a été copiée par Martin Graindor, âgé de douze ans, fils d'un marchand de la paroisse Saint-Michel. Le *Pélerinage à la Terre-Sainte* a été transcrit par Jehan Berthelin, *âgé de treize à quatorze ans*, également fils d'un marchand de la même paroisse; enfin, si nous ajoutons foi à l'intitulé du Journal que nous publions, la transcription en serait due au même *Jehan Berthelin, âgé de quinze ans*. Toutefois, nous ne saurions dissimuler que l'assertion émise dans ce titre présente une difficulté dont la solution naturelle nous paraît à peu près impossible. Que le jeune Berthelin, après avoir terminé sa copie du *Pélerinage à Jérusalem*, en 1545, lorsqu'il touchait à sa quinzième année, ait commencé immédiatement la transcription du *Journal*, et ait affirmé de nouveau son âge, dans le titre de cet opuscule, il n'y a rien dans ce fait qui ne soit tout-à-fait plausible; mais comment expliquer cette circonstance, que ce Journal, qui contient une succession d'événemens embrassant depuis l'année 1545 jusqu'à l'année 1564, est, cependant, écrit couramment, sans changement d'écriture appréciable, et en quelque sorte tout d'un trait ? Il est évident qu'il existe là quelqu'une de ces suppositions de nom, de ces falsifications de titre si fréquentes dans les manuscrits du moyen-âge, mais qu'il serait, pour l'instant, fort peu utile de chercher à débrouiller. Qu'il nous suffise de constater que le texte que nous publions, s'il n'est point autographe, a cependant tous les caractères d'authenticité que l'on peut désirer dans de semblables documens; et que, par la curiosité de quelques-uns des faits qu'il relate, comme par les lumières qu'il fournit sur l'établissement de la réforme à Rouen, il était vraiment digne de publication. Nous nous sommes fait une loi de conserver scrupuleusement l'orthographe originale, quelque bizarre, irrationnelle et surannée qu'elle paraisse. C'est un devoir d'exactitude dont on doit rarement s'écarter. D'ailleurs, il est, même pour les personnes les moins habituées à ces formes vieillies, un moyen facile d'en atténuer l'inconvénient : c'est, en lisant, de faire bien moins attention aux étranges substitutions qu'éprouvent les lettres, qu'au son que leur assemblage produit à l'oreille.

PASSAGE DE JACQUES II PAR LA VILLE DE ROUEN.

Ce document, qui intéressera par quelques détails de cérémonial et de costume, et par le portrait naïvement esquissé du dernier des Stuarts couronnés, est extrait du *Mémorial d'un Religieux de Saint-Ouen* (MS. Y $\frac{22}{18}$ de la Bibliothèque de Rouen, Catalogue provis.) Ce manuscrit contient une espèce de procès-verbal journalier de tous les événemens plus ou moins notables arrivés dans l'abbaye de Saint-Ouen, depuis l'an 1703 jusqu'à l'an 1725, sauf la mention de quelques faits antérieurs ; il abonde, à la vérité, beaucoup plus en minutieuses descriptions d'offices, en disputes de préséances et en débats de sacristie, qu'en faits d'un intérêt général; mais on y trouve, cependant, clairsemés, des renseignemens d'un grand prix, et des scènes piquantes racontées avec d'ingénus détails.

A. P.

X

FUNÉRAILLES

DE

M. ET MME DE FEUGUEROLLES

—◦—

XI

INSTALLATION ET FUNÉRAILLES
DE CLAUDE-MAUR D'AUBIGNÉ

www.ingramcontent.com/pod-product-compliance
Lightning Source LLC
Chambersburg PA
CBHW070538050426
42451CB00013B/3068